Maria-Elisa **Hurtado-Graciet**

Mon cahier poche

Je pratique l'EFT

Illustrations de Jean **Augagneur**

jouvence
EDITIONS

De la même auteure aux Éditions Jouvence :

Mon Cahier poche : Je pratique Ho'oponopono

L'Essence de Ho'oponopono

L'EFT, avec le Dr Luc Bodin

Ho'oponopono, avec le Dr Luc Bodin

Sagesse et puissance de Ho'oponopono, avec Jean Graciet

Dans la même collection Mon cahier poche

Mon Cahier poche : Mon couple heureux, Yvon Dallaire

Mon Cahier poche : Je reste zen dans un monde agité, Erik Pigani

Mon Cahier poche : Ni paillasson, ni hérisson : je m'affirme, Stéphanie Ruder Schoof et Francesca Giulia Mereu

Mon Cahier poche : Je gère mon stress, Patrice Ras

CATALOGUE GRATUIT SUR SIMPLE DEMANDE

ÉDITIONS JOUVENCE
France : BP 90107 – 74161 Saint-Julien-en-Genevois Cedex
Suisse : Route de Florissant, 97 - 1206 Genève
Internet : **www.editions-jouvence.com**
Mail : info@editions-jouvence.com

ISBN : 978-2-88953-091-5
Maquettes de couverture et intérieure : Frank Pitel [grad-design.fr]
Couverture : Éditions Jouvence
Dessins de couverture et intérieurs : Jean Augagneur
Mise en pages : Stéphanie Roze
Habillage graphique : ©Freepik

Remerciements

Je remercie Pricilla Brocvielle de m'avoir suggéré cette idée et je remercie aussi Jacques Maire pour sa confiance. Toute ma gratitude à Gary Craig, le créateur de la technique EFT, ainsi qu'à Louise Gervais qui m'a accompagnée dans mes premiers pas et qui me fit comprendre l'importance de s'aimer.

Merci du fond du cœur à toutes les personnes qui m'ont fait confiance et qui sont devenues mes maîtres dans la pratique de cet Art qu'est l'EFT.

Ce cahier a été pour moi, encore une fois, une merveilleuse opportunité d'explorer de nouvelles possibilités de grandir en conscience.

Nous sommes, chacun d'entre nous, responsables et créateurs de notre évolution. J'ai l'intime conviction que c'est dans le quotidien et par de petites choses que cette évolution se produit.

Je souhaite que ce cahier puisse vous être utile pour dissoudre tous ces « blocages » qui empêchent votre évolution personnelle de se faire de façon naturelle.

MERCI !

ALORS D'ACCORD ON SE VOIT DEMAIN ET ON PARLERA DE NOUS

Introduction

L'importance de l'engagement

Vous avez entre les mains un cahier pour pratiquer l'EFT ! Cela voudrait dire que vous êtes donc décidé à « expérimenter l'EFT » par vous-même ? Bravo ! Car c'est uniquement à travers **la pratique** que vous pourrez intégrer cet outil et vérifier ainsi s'il vous convient.

Si vous êtes prêt à commencer cette aventure à la rencontre de vos émotions, je vous invite à vous procurer un cahier, que nous nommerons « cahier de route », dans lequel vous noterez vos exercices et expériences, vos découvertes, vos difficultés et aussi vos réussites et vos progrès.

Il serait bon de prendre l'engagement **de pratiquer de façon régulière, de déterminer la durée que vous pouvez y consacrer et le moment le plus adapté dans votre emploi de temps.**

Prenez rendez-vous avec vous-même, un moment pour vous mettre à l'écoute de vos émotions et ressentis, de vos souvenirs douloureux pour les guérir.

Mon carnet de rendez-vous avec moi-même

Je vous invite à écrire dans votre « cahier de route » les phrases suivantes et à signer pour confirmer cet engagement que vous prenez avec vous-même. Les résultats que vous obtiendrez seront en rapport avec cet engagement et la persévérance dans cette démarche de prendre soin de vous.

Mon engagement

Je m'engage à prendre un moment pour moi dans la journée afin d'être à l'écoute de mes émotions et croyances cachées et les accueillir grâce à la pratique de l'EFT.

Choisissez la périodicité :

☐ Chaque jour

☐ Ou deux à trois fois par semaine ou plus (cochez les jours) :

☐ Lundi, ☐ mardi, ☐ mercredi,
☐ jeudi, ☐ vendredi, ☐ samedi,
☐ dimanche

Notez les horaires :

De .... heure(s) ....

à .... heure(s) ....

Signature :

Quelques recommandations

La persévérance et la patience vous aideront à tenir le cap dans la durée et c'est comme cela que vous constaterez d'immenses progrès.

Vous serez étonné, après quelques semaines, de tous les trésors que vous allez découvrir en vous. Vous comprendrez que cela vaut la peine de prendre un peu de temps pour soi et de **devenir son meilleur ami et son propre guérisseur.**

Allez-y doucement ! Et n'hésitez pas à répéter chaque exercice plusieurs fois pour bien l'intégrer et découvrir toute sa profondeur.

Parfois, vous sentirez des bienfaits de façon très rapide, à d'autres moments cela nécessitera plus de temps. C'est ainsi que vous pourrez observer votre engagement et **la force de votre désir de liberté.**

> « Si vous avez une grande ambition, faites le plus grand pas possible dans le sens de sa réalisation. Si c'est un tout petit pas, ne vous inquiétez pas, car c'est probablement le plus grand qu'il vous est possible de faire pour le moment. »
>
> **Mildred Mc Afee**

Deux ingrédients essentiels : AH! Amour et Humour !

L'Amour est le dissolvant universel, c'est la force la plus puissante de l'univers. Nous apprendrons à AIMER nos émotions en les observant fondre comme neige au soleil. Et l'Humour nous permet de nous détacher, de lâcher le mental, de nous rappeler que nous sommes dans une pièce de théâtre et de nous connecter à cette partie de nous qui aime RIRE et JOUER.

Faire des grands gestes en tapotant, parler plus fort ou même faire des bruits ou des grimaces peut être très efficace pour dissoudre cette partie de nous qui prend tout au sérieux et au premier degré.

Si vous faites de la pratique de l'EFT une chose agréable et **amusante,** vous le ferez avec **plaisir** et vous l'utiliserez plus facilement dans votre quotidien.

Bien s'hydrater et bouger ou faire de l'exercice en plein air. Pensez à boire de l'eau régulièrement durant la pratique, cela facilitera ensuite le travail de libération et de lâcher-prise. Si vous sentez que vous restez bloqué sur un sujet en particulier, faites une pause et dès que vous en avez la possibilité, allez faire une promenade dans un jardin ou en pleine nature. Une bonne douche ou un bain avec une poignée de gros sel aide aussi à restaurer les corps énergétique et émotionnel.

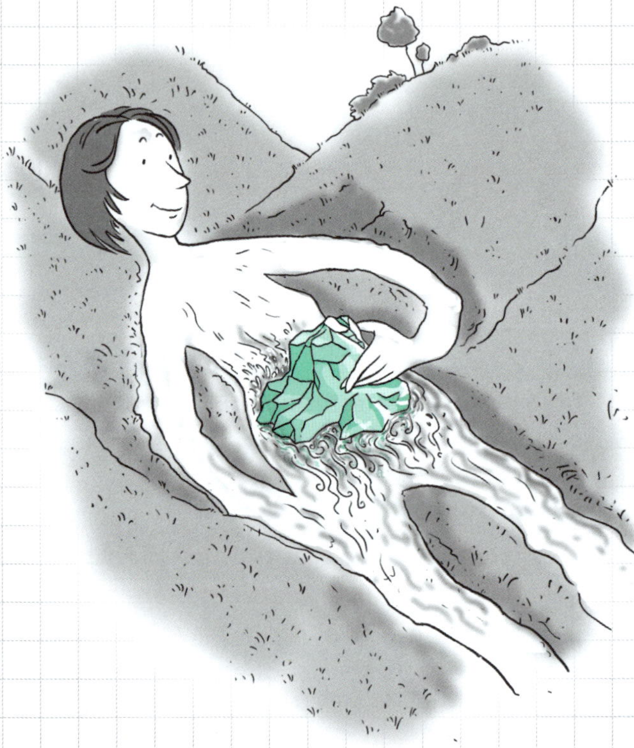

Principe de base de l'EFT

Le principe de base de l'EFT est le suivant :

« LA CAUSE DE TOUTE ÉMOTION NÉGATIVE EST UNE PERTURBATION DU SYSTÈME ÉNERGÉTIQUE CORPOREL. »

C'est vrai ? Ce n'est que ça ? Juste une **perturbation de mon système énergétique ?**

Imaginez une rivière qui coule tranquillement au cœur d'une vallée entre les montagnes.

Vous observez qu'à un endroit précis, gît, en plein milieu, un énorme caillou qui empêche l'eau de s'écouler librement, créant ainsi une stagnation, une perturbation. Vous aimeriez aider la rivière à retrouver la fluidité de son cours, vous vous approchez alors et vous saisissez le caillou pour l'enlever.

C'était la solution la plus simple,
n'est-ce pas ?

Avez-vous eu besoin de savoir
QUI a mis ce caillou-là ?

Ou bien, **QUAND** il est tombé
à cet endroit ?

Ou même **POURQUOI** il est là
ou de **QUOI** il est fait ?

Toutes ces questions ne sont pas nécessaires. La seule chose qui compte est de vous approcher tout près pour pouvoir le prendre avec vos bras (« le prendre à bras-le-corps » et non pas l'éviter ou le cacher) et, avec tout votre amour, l'enlever pour que la circulation soit à nouveau fluide.

Gardez bien cette image dans votre esprit quand vous ferez l'EFT. Vous êtes en train d'enlever des « cailloux », ou plutôt vous êtes en train de les dissoudre à l'intérieur de vous-même. Ces « cailloux » sont faits d'énergie bloquée ; **ils représentent toutes les émotions, croyances ou pensées qui se sont solidifiées à un moment donné et empêchent votre énergie de circuler.**

L'EFT en résumé

L'harmonisation énergétique par l'EFT se fait grâce à **des tapotements effectués du bout des doigts sur des points d'acupuncture,** tout en portant notre attention sur le problème à traiter et en l'exprimant avec des mots.

La recette simplifiée

LE POINT KARATÉ ou zone sensible

Pendant que vous tapotez le point karaté (voir dessin en page suivante), répétez trois fois cette phrase :

« Même si j'ai (l'énoncé du problème)

....

....,

Je m'aime et je m'accepte complètement et profondément. »

Vous pouvez remplacer les tapotements sur le point karaté par des massages circulaires dans la zone sensible.

LA SÉQUENCE ou RONDE des tapotements

Tapotez les points suivants : sommet de la tête, début de sourcil, coin de l'œil, sous l'œil, sous le nez, au creux du menton, sous la clavicule, sous le sein et sous le bras en répétant chaque fois « l'énoncé du problème ».

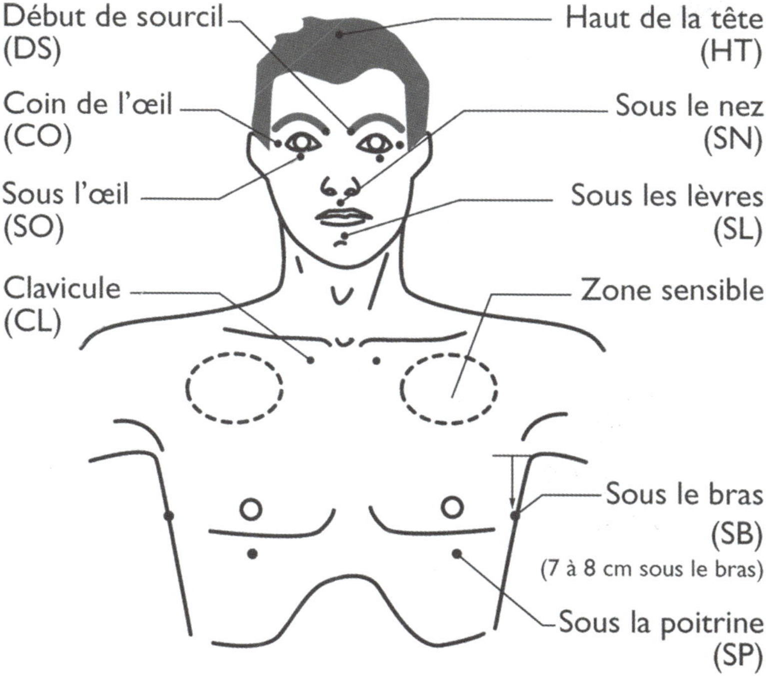

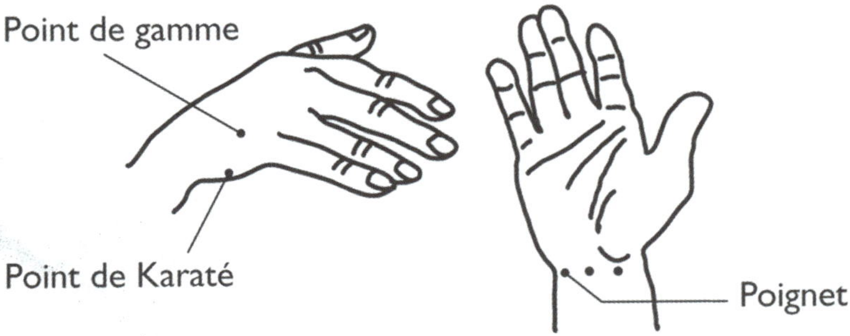

L'utilisation du point gamme et les points situés à l'intérieur des poignets sont décrits dans le chapitre intitulé « La recette complète », page 37 du livre : *L'EFT* aux Éditions Jouvence.

Il existe d'autres façons de stimuler les points :

Toucher et respirer :

vous posez les doigts sur le point et vous faites une respiration profonde.

Masser les points

en faisant de petits cercles.

Tapoter avec l'intention,

sans toucher le point avec les doigts, vous stimulez les points avec notre imagination. (Vous pourrez utiliser cette méthode avec plus de facilité quand vous aurez pratiqué depuis un bon moment le tapotement avec les doigts.)

La préparation : cultiver l'amour de soi

Chaque session d'EFT commence par la phrase suivante, à répéter trois fois :

« Même si (l'énoncé du problème)

..,

je m'aime et je m'accepte profondément et complètement. »

L'amour guérit

L'acceptation et l'amour de soi sont les CLÉS de toute démarche de guérison, pour que tout le processus se passe de façon fluide Cette phrase va nous aider à dissoudre nos résistances à la guérison.

Nous pourrons ainsi récupérer l'immense pouvoir d'auto-guérison que nous avons tous à l'intérieur. Il suffit d'enlever une à une toutes les couches de non-amour et d'autocritique qui l'empêchent de se manifester.

L'état des lieux

Commençons par tester à quel niveau d'acceptation de soi nous sommes dans le moment présent, ici et maintenant.

Je vous invite à dire trois fois la phrase suivante à haute voix et, dans l'idéal, en vous regardant dans un miroir :

« Je m'aime et je m'accepte complètement et profondément, tel que je suis. »

Laissez-la entrer dans votre corps et observez les résistances qu'elle pourrait faire monter.

Si vous n'arrivez pas à dire cette phrase, sentez-vous libre de la modifier avec des mots qui vous correspondent mieux, comme :

« Je me respecte et j'accepte ce que je ressens. »

« Je suis prêt à m'accepter et à m'aimer. »

« Je suis quelqu'un de bien. »

J'accueille mes défauts physiques

Si vous avez fait l'exercice précédent devant le miroir, vous avez peut-être repéré le ou les défauts que vous n'aimez pas sur votre visage ou sur votre corps.

Notez ces défauts qui vous agacent :

....

....

....

....

....

....

....

....

....

Et maintenant, je vous invite à faire quelques tapotements du point karaté, même si vous êtes encore dubitatif. Tentez de mettre quelques touches de ces deux ingrédients de base évoqués précédemment : **Amour** et **Humour**. Vous verrez que cet exercice peut devenir très amusant.

Point karaté :

« Même si (j'ai tel ou tel défaut) ....

....,

je suis prêt à m'aimer et m'accepter tel que je suis. »

« Même si (j'ai tel ou tel défaut) ....

....,

je sais qu'à tout moment je peux décider de m'aimer et de m'accepter tel que je suis. »

« Même si (j'ai tel ou tel défaut) ....

....,

je m'aime et je m'accepte tel que je suis. »

L'acceptation ou l'amour "sous condition"

« OUI, OUI JE M'ACCEPTE,
MAIS À CONDITION DE .... »

Peu importe le niveau d'acceptation et d'amour que vous avez noté, vous allez à présent observer que vous avez certainement posé des conditions au fait de vous accepter complètement.

Pour les laisser venir, vous pouvez compléter la phrase suivante :

« Pour pouvoir m'accepter et m'aimer complètement et profondément, il faudrait que ....

....

....

....

....

....

.... »

Marquez les conditions qui vous viennent à l'esprit, par exemple : trouver du travail, perdre des kilos en trop...

Nous allons à présent nous libérer aussi de ces conditions : tapotez sur le point karaté en énonçant (de préférence à haute voix) ces phrases que vous pouvez compléter.

N.B. : les phrases de tous les exercices sont des suggestions, sentez-vous libre de les modifier avec vos propres mots et de la façon qui vous semble la plus adaptée pour vous.

Point karaté :

« Même si je croyais que j'avais besoin de ....

.. (conditions)

pour pouvoir m'aimer, aujourd'hui je m'ouvre à la possibilité de m'aimer profondément et complètement. »

« Même si je croyais que j'avais besoin de ....

.. (conditions)

pour pouvoir m'accepter complètement et profondément, aujourd'hui je décide de m'accepter tel que je suis. »

« Même si j'ai du mal à m'aimer tant que je n'ai pas obtenu ....

.. (conditions), je sais que le véritable amour ne demande rien en échange, alors je décide de me donner de l'amour sans condition. »

Notre véritable nature est d'être Amour. C'est notre état naturel. Aimer, c'est donner sans rien attendre en retour. L'amour est acceptation totale. Aimer est une décision. Je peux décider de m'aimer. **L'Amour, on le sent quand on le donne, quand on aime et non pas quand on est aimé.** Une autre façon de cultiver l'amour et l'acceptation de soi consiste à **supprimer les sentiments de non-amour** par la libération de toutes les autocritiques que nous avons tendance à nous adresser.

Imaginez qu'un jour vous enregistriez tous les reproches et les critiques que vous vous faites à longueur de journée. Vous seriez effrayé à l'écoute de cet enregistrement le soir même. Vous vous demanderiez :

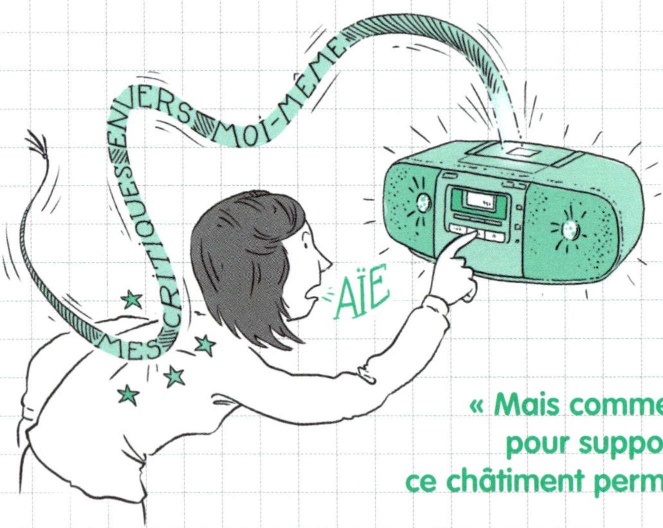

« Mais comment je fais pour supporter ce châtiment permanent? »

Nous nous infligeons pourtant cette autocritique jour après jour, sans même nous en rendre compte.

Notre principal ennemi : "l'autocritique"

Prenez quelques minutes de silence pour aller au plus profond de votre cœur et répondre à ces quelques questions. Soyez attentif car votre « autosaboteur » fera tout pour que vous tourniez la page sans prendre le temps de franchir cette étape. (Il n'aime pas être observé, ce coquin!)

Quelles critiques avez-vous tendance à vous adresser ?

Les critiques que j'ai tendance à m'adresser sont :

Nous allons tapoter sur le point karaté en disant la phrase suivante (complétée par les critiques que vous venez de noter) :

Point karaté :

“ Même si j'ai pris
cette habitude
de me critiquer
et de me juger
en permanence,
je décide
de ne plus écouter
ces pensées
et je suis prêt à
m'aimer
et à m'accepter
complètement
et profondément. ”

(trois fois)

Vous pourrez ensuite effectuer une ronde complète (avec tous les points, voir dessin page 17) en exprimant plus en détail les différents aspects de ce que vous avez noté, autant pour les conditions que pour les critiques. Faites-vous confiance et exprimez ce que vous ressentez avec vos propres mots, sans chercher à comprendre ni à analyser.

Inscrivez les différents reproches ou critiques à côté de chaque point de tapotement représenté par les initiales suivantes, procédez ensuite à la ronde complète de tapotements :

HT : ....

DS : ....

CO : ....

SO : ....

SN : ....

SL : ....

CL : ....

SP : ....

SB : ....

En faisant cette ronde, n'ayez pas peur d'ancrer en vous des « choses négatives » car, en réalité, c'est un discours qui tourne déjà dans votre tête, parfois de façon inconsciente. En le verbalisant, vous le rendez tout simplement **conscient.**

Ce faisant, vous créez un espace qui va vous permettre **d'accueillir les émotions et ressentis** en relation avec ces reproches et, en même temps, vous insufflez du mouvement pour que l'énergie puisse circuler.

Remplissez à côté de chaque point les critiques, reproches ou conditions que vous avez notés et vous pourrez faire la ronde complète avec tout ce qui surgit. Si vous pouvez dire les mots à voix haute et en faisant de grands gestes, c'est encore mieux ! Faites-le comme un jeu et tentez de vous amuser.

PRENEZ L'HABITUDE DE REFAIRE UN ÉTAT DES LIEUX DE TEMPS EN TEMPS POUR VOIR OÙ VOUS EN ÊTES.

Dites à nouveau la phrase suivante à haute voix et si possible en vous regardant dans un miroir :

**« Je m'aime
et je m'accepte
complètement
et profondément
tel que je suis
et sans condition. »**

Laissez-la entrer dans votre corps et observez s'il y a encore des résistances. Si c'est le cas, décidez de les accepter et de les aimer.

Pour bien ancrer cette nouvelle attitude envers vous-même, faites l'exercice suivant le matin au lever en vous regardant dans les yeux devant le miroir pendant 2 ou 3 semaines :

***« Même si (sensation, défaut, difficulté
ou inquiétude du matin)***

....

....,

je m'aime et je m'accepte comme je suis. »

(Trois fois en tapotant sur le point karaté.)

Et si vous en éprouvez le besoin ou l'envie, vous pouvez continuer avec une ronde complète. Vous sentirez les bienfaits de cette affirmation qui va agir comme un catalyseur favorable sur tout ce qui suivra.

N.B. : pour être encore plus spécifique

Si vous avez un souvenir ou un événement précis de votre vie qui est remonté pendant l'exercice, marquez-le sur votre cahier de route et vous le traiterez avec la technique du film que nous expliquerons un peu plus loin (voir page 77).

Par exemple, cette critique que vous avez reçue étant enfant et que vous avez prise pour une vérité : « *Qu'est-ce que tu es maladroit! Ou méchant! Ou égoïste!...* »

D'autres catalyseurs de guérison

N'hésitez pas à changer la fin de cette première phrase en utilisant des mots qui vous conviennent mieux, comme :

« Même si ....

....

....,

je vais bien. »

« Même si ....

....

....,

je mérite la guérison. »

« Même si ....

....

....,

je me respecte et je reconnais ma valeur. »

« Même si ....

....

....,

je suis quelqu'un de bien. »

« Même si ....

....

....,

je me permets d'être comme je suis. »

« Même si ....

....

....,

je mérite d'être heureux. »

SOYEZ CRÉATIF ET INVENTEZ LES PHRASES QUI VOUS FONT DU BIEN.

Pour aller plus loin :

L'étape suivante pour améliorer l'estime de soi consiste à observer les critiques et les jugements que nous adressons aux autres et **les libérer**. Ces critiques nous reviennent tels des boomerangs et nous empêchent de ressentir l'amour et l'acceptation de soi[1].

1. Si vous souhaitez explorer davantage cette idée, je vous invite à consulter les ouvrages suivants : *Mon Cahier poche : je pratique Ho'oponopono* de Maria-Elisa Hurtado-Graciet et *Petit Cahier d'exercices du pardon selon Ho'oponopono* de Jean Graciet aux Éditions Jouvence.

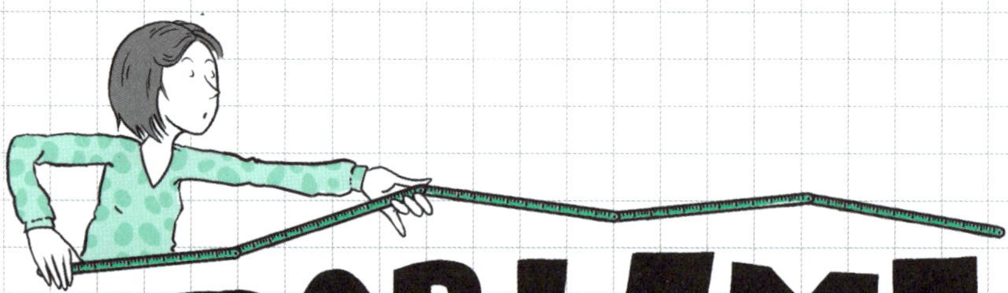

PROBLEME

J'identifie et je définis le problème

Ce point est très important car un bon début fait souvent toute la différence. Pour éviter qu'un arbrisseau pousse de travers, nous mettons un tuteur qui va lui donner la bonne direction. Les principes qui vont suivre vont, tels des tuteurs, vous aider à bien **préciser** l'énoncé du problème et à ne pas vous égarer sur des chemins inutiles. Pensez à revoir ces principes de temps en temps pour vous assurer que vous les avez bien intégrés.

J'apprends à bien définir mon problème

Cherchez quelque chose qui vous pose problème et que vous souhaitez traiter avec l'EFT. Pour commencer, trouvez-vous des sujets simples et concrets de la vie de tous les jours : une douleur, une émotion (peur, colère, tristesse...), un souvenir un peu désagréable, une limite ou incapacité, etc.

Mon problème est : ....

....

....

....

....

....

Voici quelques consignes simples pour bien démarrer :

1er tuteur :
Je prends la responsabilité de mon problème...

	OUI	NON
Ce que je veux traiter est-il bien quelque chose qui est à l'intérieur de moi?	☐	☐
Est-ce que je cherche à changer quelqu'un ou quelque chose à l'extérieur de moi?	☐	☐

Si j'attends un changement à l'extérieur, je risque de tapoter en portant mon attention dessus et l'EFT ne va pas fonctionner.

Comment puis-je énoncer mon problème de façon à ce qu'il relève de ma seule responsabilité?

....

....

....

....

....

....

1er tuteur (suite) :

… et je me concentre sur ce que je ressens.

La question suivante peut m'aider :
Quand je pense au problème, qu'est-ce que je ressens à l'intérieur ?

…………………………………………………………………………

…………………………………………………………………………

…………………………………………………………………………

…………………………………………………………………………

…………………………………………………………………………

Exemple :
Si, au départ, l'énoncé de mon problème était : « ***Il ou elle*** *ne m'appelle jamais* », je ne peux pas tapoter en disant la phrase « *il ou elle ne m'appelle jamais* » tout en espérant agir sur autrui pour qu'il ou elle m'appelle plus souvent.

Cela va de soi. Je peux par contre aller **rencontrer l'émotion que je ressens quand je pense à cela pour pouvoir la guérir à l'intérieur.**

Voici une autre façon de l'énoncer en tenant compte de ce principe :

« Quand je vois que les jours passent
et que X ne m'appelle toujours pas,
JE me sens *triste, ou* ***JE me sens*** *abandonné(e)… »*

Le véritable problème est :

« je me sens triste ».

Il est donc important d'énoncer le problème à la première personne et en prenant conscience que **ce que je veux traiter est à l'intérieur de moi**[2].

Je ne peux agir que sur moi et sur ma façon de voir et de ressentir les choses.

2e tuteur : Je suis spécifique dans l'énoncé

	OUI	NON
Suis-je assez précis dans l'énoncé du problème ?	☐	☐

2. Pour aller plus loin dans cette notion de responsabilité, vous pouvez consulter les autres ouvrages de l'auteur : *Ho'oponopono, le secret des guérisseurs hawaïens, Mon cahier poche : je pratique Ho'oponopono,* et le jeu de cartes *Sagesse et puissance de Ho'oponopono,* Éditions Jouvence.

Comment pourrais-je énoncer mon problème de façon encore plus précise?

Notez cette nouvelle façon de l'énoncer en donnant le maximum de précisions.

Mon problème est :

Exemple :

Pour définir une douleur, je vais préciser l'endroit, la sensation ou même l'émotion que cette douleur déclenche en moi. Si l'énoncé du problème est trop vague, j'aurai du mal à avoir des résultats précis et concrets. Plus j'irai dans la précision, mieux cela marchera. Nous verrons un peu plus tard des outils pour être spécifique, comme « la technique du film ».

3e tuteur :
J'évalue l'intensité de mon ressenti
Je prends la température

Avant de commencer, prenez l'habitude d'évaluer l'intensité des ressentis et pensez à le refaire de temps en temps pour bien constater les changements tout le long de la séance.

Chaque fois que vous verrez ce thermomètre, vous saurez que vous êtes invité à noter entre 0 et 10 le niveau d'intensité de votre ressenti par rapport au problème que vous traitez.

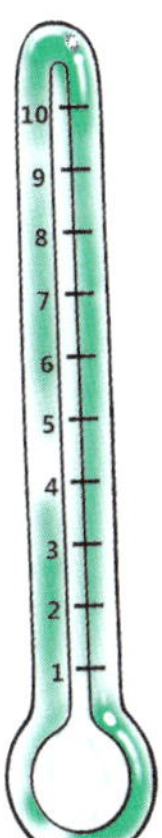

10 = le niveau maximum que vous pouvez ressentir

0 = correspond à l'absence totale d'émotion ou de douleur

4e tuteur :
Je cherche tous les aspects

Un problème peut contenir plusieurs aspects; tant que nous n'aurons pas traité tous les aspects, il est difficile d'obtenir un soulagement complet.

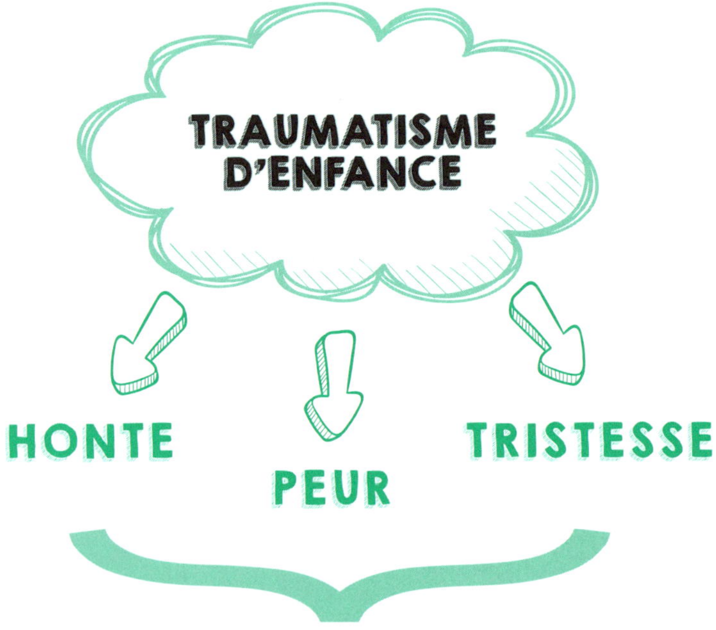

Il faut traiter ces émotions les une après les autres.

À votre tour :

Je traite ces émotions les unes après les autres :

1. ……………………………………………………………

2. ……………………………………………………………

3. ……………………………………………………………

5e tuteur :

Je vérifie si, derrière mon problème, il n'y aurait pas quelque chose de plus profond à guérir

Lisez les questions suivantes, fermez les yeux et laissez venir les réponses :

Est-ce vraiment cela mon véritable problème?

....

....

....

....

....

....

Ou bien n'y a-t-il pas autre chose qui se cache derrière ce symptôme?

Quand je pense à ce problème qu'est-ce qui m'embête le plus? Qu'est-ce que je ressens?

Ai-je des croyances profondes qui se manifestent à travers ces symptômes?

....

....

....

....

....

....

Ainsi, si j'ai un problème de surpoids, je vais commencer par guérir le rejet et le manque d'amour et d'acceptation vis-à-vis de mon corps pour ensuite laisser venir d'autres causes émotionnelles qui pourraient être à l'origine du problème.

Il existe de nombreux livres sur le sens des maladies et des malaises qui peuvent nous apporter un éclairage supplémentaire. Cependant, **il n'est pas nécessaire non plus de trop se focaliser sur la nécessité de trouver la cause précise du problème.**

Il suffit de **prendre conscience que la véritable cause est peut-être inconsciente,** et être attentif aux émotions et souvenirs qui remontent pendant les séances de tapotements. C'est en portant notre attention sur les ressentis dans notre corps **sans les juger ni les analyser** que nous créons un espace-temps où le corps peut nous parler, et il le fera, soyez-en certain.

Fiche de rappel : j'identifie mon problème

1. Je prends la responsabilité de ce que je ressens et je m'occupe de ce qui se passe à l'intérieur de moi.
2. Je suis spécifique : je décris mes ressentis de façon précise et détaillée.
3. J'évalue l'intensité de mon ressenti.
4. Je cherche tous les aspects du problème.
5. Je vérifie si derrière le symptôme il n'y a pas un problème de fond (souvent un souvenir de l'enfance, mais aussi des bénéfices secondaires).

MAISON
D'HÔTES

J'apprends à accueillir mes ressentis et mes émotions

«L'être humain est une maison d'hôtes
Chaque matin, une nouvelle arrivée
Une joie, une dépression, une méchanceté
Une prise de conscience momentanée
Émerge tel un visiteur inattendu.
Accueillez et choyez-les tous !

Même s'ils sont une foule de chagrins
Qui vident avec violence
Votre maison de ses meubles,
Traitez chaque invité honorablement.

Ils peuvent vous débarrasser du superflu
Pour faire place à de nouveaux délices.

La pensée sombre, la honte, la malveillance…
Accueillez-les à l'entrée en riant
et invitez-les à l'intérieur.
Parce que chacun a été envoyé
Comme un guide venant de l'au-delà.»

Jalal al-Din Rumi (1207 - 1273)

S'ouvrir aux sensations et ressentis dans le corps

« PORTER MON ATTENTION SUR CE QUE JE RESSENS M'ANCRE DANS LE MOMENT PRÉSENT. »

Se connecter aux ressentis dans le corps

Pendant quelques jours, prenez des petits moments de pause dans la journée pour rentrer dans votre corps et porter attention aux sensations que vous trouverez dans les différentes zones.

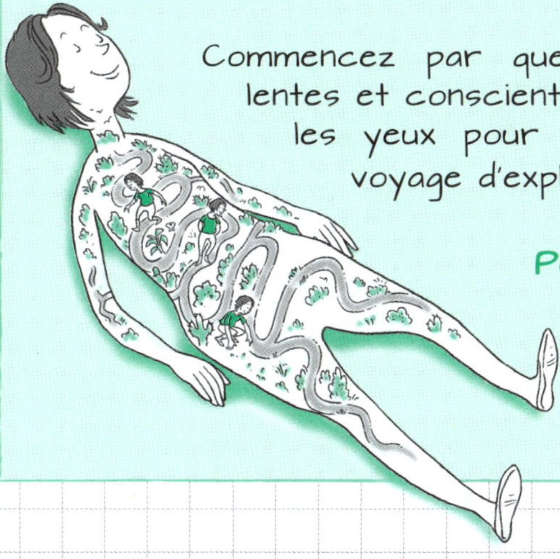

Commencez par quelques respirations lentes et conscientes, ensuite fermez les yeux pour mieux réaliser ce voyage d'exploration intérieure.

Posez votre cahier et commencez dès maintenant!

Mind Mapping

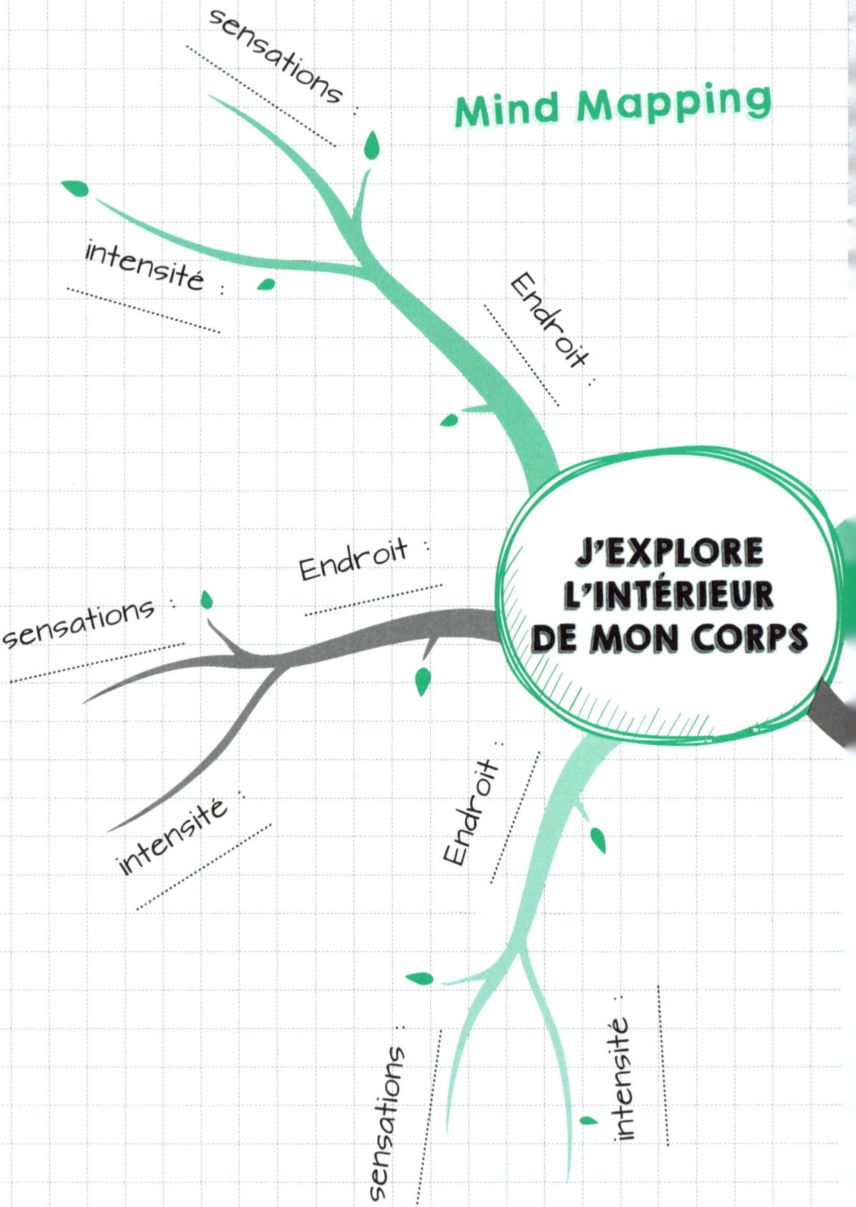

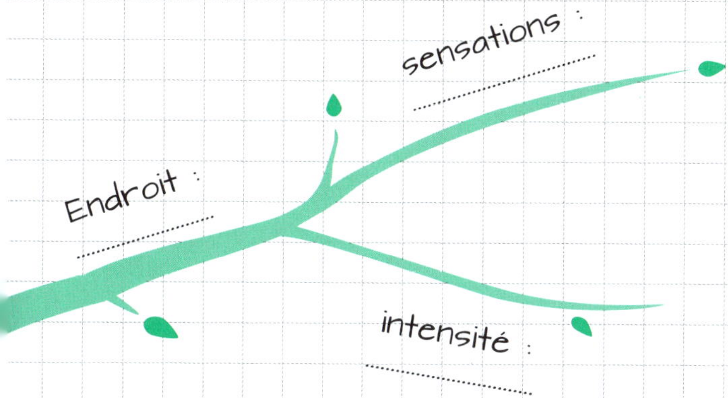
sensations :
Endroit :
intensité :

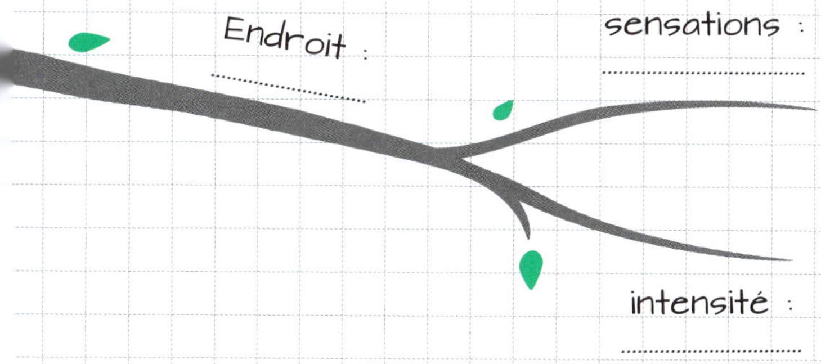
Endroit :
sensations :
intensité :

Exprimer les ressentis dans le corps à travers les images

Pour que l'EFT fonctionne, il est important de rester connecté au problème pendant la séance de tapotements. Pour cela, nous devons mettre en mots le problème ou l'**émotion**, en se gardant bien de chercher à les comprendre ou à les analyser.

Notre cerveau se compose de deux parties, chacune avec des fonctions bien différentes. La sphère gauche analyse et raisonne, la droite imagine et ressent.

Nous avons laissé une place dominante à ce cerveau gauche qui cherche à tout contrôler et qui nous bloque sur le chemin de la libération et du lâcher-prise. La meilleure façon d'échapper à son emprise consiste à aller dans le corps et à diriger **notre attention vers notre ressenti intérieur.**

Afin de mieux rester dans notre cerveau droit, nous pouvons exprimer nos sensations physiques à travers les images que nous laissons émerger pendant la séance de tapotements. Ces images sont le langage que notre inconscient utilise pour communiquer avec notre conscient et, à travers elles, nous pouvons **nous reconnecter symboliquement à la racine de nos problèmes.**

Exemples d'images :

- Représentation visuelle : une boule, une épée, une barre...
- Kinesthésique : une lourdeur ou un poids, le vide, une sensation d'étouffement, une irritation, une brûlure, du froid, des picotements...
- Auditive : un bruit aigu, sourd, silence...
- Gustative : un goût amer, sucré, acide...
- Olfactive : odeur de brûlé, odeur de pourriture, odeur du pain chaud, odeur de café, un parfum, odeur de la mer...

Lors de la séance d'EFT, nous créons un espace-temps dans lequel ces images vont être accueillies. Elles ont surtout besoin de notre attention bienveillante et de notre amour pour pouvoir **se transformer et manifester la guérison qui est en train de se faire :** une fleur qui s'ouvre, un cercle de lumière qui grandit et couvre tout, un geyser qui monte au ciel, une colombe ou des ballons qui s'envolent, de l'eau qui coule et nettoie en passant, le feu qui purifie...

Rien ne vaut un dessin

Préparez des crayons de couleurs ou des feutres. Fermez les yeux et faites quelques respirations lentes et profondes et quand vous aurez retrouvé un état de calme laissez venir un problème, peur ou difficulté que vous ressentez dans votre vie en ce moment.
Ouvrez les yeux. Prenez vos crayons ou feutres et...

Dessinez à quoi votre problème ressemble sans employer aucun mot.

Sentez-vous libre et laissez votre inconscient s'exprimer à travers votre main.

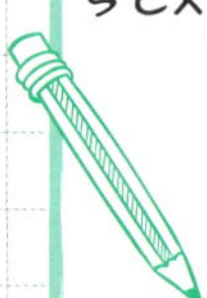

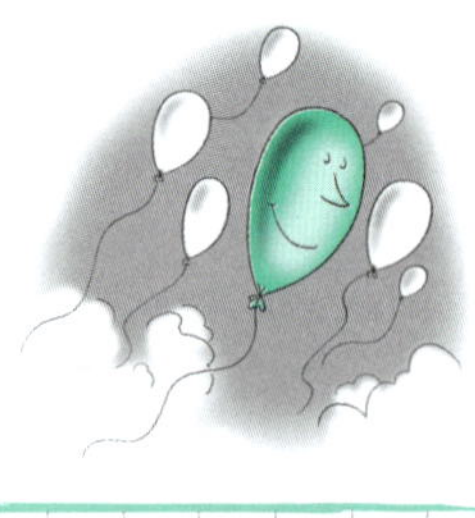

Traiter une douleur avec l'EFT

Fermez les yeux et portez votre attention sur l'intérieur de votre corps.
Observez si vous avez une douleur ou tension à un endroit en particulier. Elle n'est ni bonne ni mauvaise, elle est juste une énergie qui s'est condensée à un endroit donné.
Permettez-vous de la ressentir, entrez à l'intérieur de cette sensation dans votre corps.

Notez toutes les réponses aux questions suivantes :

Comment est cette douleur ou cette tension?

(Décrivez la douleur : sa couleur, sa forme, sa texture...)

....

....

....

Où se trouve cette douleur (ou tension) dans votre corps?

(Décrivez l'endroit de la douleur de la façon la plus précise possible.)

....

....

....

Évaluez l'intensité et notez-la :

....

....

Nous allons faire une séance avec tout ce que nous avons noté :

Point Karaté (trois fois) :

« Même si (description de la douleur, endroit, forme, etc.)..

....,

je m'aime et je m'accepte complètement et profondément. »

Continuez de tapoter sur tous les points pendant que vous dites à haute voix les différentes précisions que vous avez notées (vous n'avez plus besoin de répéter la phrase de préparation : *« Même si ...., je m'aime et je m'accepte... »*)

Évaluez à nouveau l'intensité et notez les changements :

....

....

S'il reste encore quelque chose, continuez quelques rondes avec ces phrases :

Sur le point Karaté (3 fois) :

« Même s'il me reste encore un peu de ……………………………

……………………………………………………………………………………

……………………………………………………………………………………,

je m'aime et je m'accepte tel que je suis. »

Ronde complète de tapotements en changeant de point à chaque fois :

« Ce reste de …………………………………………………… »

ou « La ……………………………………………………………

(description de la douleur) qui reste. »

Si la douleur change de place, de forme ou de nature, recommencez avec ces nouveaux indices. (Il est assez courant qu'une douleur se déplace dans le corps.)

Si la douleur persiste, voici quelques pistes et des questions pour continuer l'exploration :

1. Vous pouvez chercher des chocs traumatiques ou des changements importants dans votre vie qui ont eu lieu un peu avant l'apparition du symptôme :

- **Depuis quand** avez-vous cette douleur ?
- Que s'est-il passé **juste avant** dans votre vie ?
- **Qu'est-ce qui a changé** dans votre vie à ce moment-là ?

Notez :

....

....

....

....

....

....

Si vous avez un souvenir ou un événement précis dans votre vie qui est remonté, marquez-le sur votre « cahier de route » et vous le traiterez avec la technique du film que nous expliquerons un peu plus loin (voir page 77).

2. Vous pouvez aussi explorer les émotions liées à cette douleur :

- Quand vous ressentez **cette sensation** ou **douleur**, quelle émotion vous vient ?
- Quand vous ressentez .... (énoncez la description de la douleur), quelle émotion éprouvez-vous ?
- S'il y avait **une émotion cachée derrière cette douleur,** ce serait laquelle ?

Notez :

....

....

....

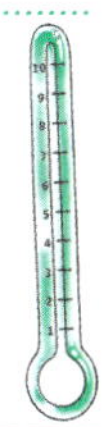

Évaluez l'intensité de l'émotion :

....

Une fois que vous avez bien inscrit toutes les réponses, vous pouvez faire quelques rondes avec tout ce que vous avez noté.

3. Vous pouvez aussi jouer avec les ressentis dans le corps.

Où ressentez-vous cette douleur ou tension dans votre corps exactement?

....

....

....

....

À quoi ressemble-t-elle? Quelle forme a-t-elle? Quelle couleur? Quelle texture? C'est dur? C'est mou? C'est chaud? C'est froid?

....

....

....

....

Quelle image voyez-vous? Décrivez cette image :

....

....

....

....

Une fois que vous avez inscrit toutes les réponses, faites quelques rondes avec tout ce que vous avez noté.

Jouer avec l'image vous permettra de trouver des solutions par l'imaginaire. Par exemple, si votre image est froide, vous pouvez lui apporter de la chaleur, si elle est noire, peut-être que vous pourriez l'éclairer ou y ajouter votre couleur préférée, etc.

FAITES-VOUS CONFIANCE, UNE PARTIE DE VOUS A TOUTES LES RÉPONSES À L'INTÉRIEUR.

4. Il est important de chercher les bénéfices secondaires qu'il pourrait y avoir dans cet inconfort, même au niveau inconscient :

- Si je n'avais plus cette douleur, que se passerait-il ?
- Que m'empêche-t-elle de faire ? Ou bien que m'oblige-t-elle à faire ?
- Qui serais-je sans cette douleur ? Est-ce que cette douleur me donne de la reconnaissance ou fait que les autres s'occupent de moi ?

Notez :

....

....

....

Faites quelques rondes avec ce que vous venez de noter.

5. Évaluez l'intensité à nouveau :

Évaluation :

....

Et continuez si nécessaire avec :

« Ce reste de .... » ou

« La .... (description) qui reste. »

- La structure de cet exercice est utilisable pour TOUT type de problème à traiter, en voici le résumé.

Fiche de rappel :
Les étapes pour traiter un problème

« Quand je pense à .... (le problème), qu'est-ce que je ressens dans mon corps? »

(Aller dans le ressenti nous permet de nous ancrer dans l'ici et maintenant.)

- Notez toutes les sensations, tensions, douleurs, etc.
- Évaluez l'intensité.

Puis explorez avec les pistes décrites précédemment :

- Cherchez les chocs traumatiques ou les changements importants qui ont eu lieu dans votre vie un peu avant l'apparition des symptômes. Si possible cherchez un événement spécifique et faites la technique du film ou racontez l'histoire.
- Explorez les émotions liées au problème et traitez tous leurs aspects.
- Jouez avec les ressentis dans le corps en laissant venir des images.
- Cherchez les bénéfices secondaires inconscients.

REGRETS ÉTERNELS
JE TE QUITTE

Le processus de paix personnelle

“ LA PLUPART DE NOS PROBLÈMES ÉMOTIONNELS ET PHYSIQUES SONT CAUSÉS (EN TOUT OU EN PARTIE) PAR NOS ÉVÉNEMENTS SPÉCIFIQUES NON RÉSOLUS, DONT LA PLUPART PEUVENT ÊTRE TRAITÉS FACILEMENT AVEC L'EFT. ”

Manuel de Gary Craig

Faites une liste des événements de votre vie dont vous vous souvenez et qui vous dérangent.

Vous devriez en trouver au moins une cinquantaine mais ne vous inquiétez pas, s'ils ne viennent pas tout de suite, ils remonteront petit à petit et vous les noterez au fur et à mesure.

Marquez la date ou l'âge que vous aviez, décrivez-le comme si c'était un petit film et donnez un titre à chaque événement.

Faites un tableau :

Exemple :

Date (ou âge)	Description de l'événement	Titre
4 ans	Mon premier jour d'école	Maman s'en va
6 ans	Ma maîtresse, Petra, m'a donné une gifle...	La gifle
12 ans	Le décès de mon grand-père	Le cimetière
15 ans	Ma copine me quitte pour un copain	Trahison

À vous !

Date (ou âge)	Description de l'événement	Titre

Faites un tableau :

Date (ou âge)	Description de l'événement	Titre

Imaginez que tous ces événements soient toutes les mauvaises herbes qui envahissent votre jardin intérieur. Vous allez faire un **désherbage de votre jardin** en traitant un ou deux événements par jour.

Faites de l'EFT avec la technique qui sera expliquée plus loin (la technique du film) jusqu'à ce que vous puissiez sourire à ce souvenir ou que l'événement ne vous fasse plus d'effet. Vous allez constater que, parfois, certains événements se ressemblent et vous serez surpris de voir **qu'en guérissant le premier, tous les autres se libèrent aussi de leur charge émotionnelle.**

GRÂCE À CE GRAND MÉNAGE EN PROFONDEUR DES SOUVENIRS DU PASSÉ, VOUS TROUVEREZ UNE PLUS GRANDE PAIX INTÉRIEURE.

Attention :

Certains traumatismes méritent l'accompagnement d'un praticien expérimenté. Si vous sentez que vous allez être très perturbé en revisitant un événement ne l'abordez pas tout seul, du moins au début.

La technique du film et la technique « raconter l'histoire »

Les deux techniques sont très proches car il s'agit de revisiter un souvenir pour enlever la charge émotionnelle associée. Dans la première, vous visualisez l'événement comme s'il était projeté sur un écran, et dans la seconde, vous le racontez à haute voix. Vous pouvez utiliser l'une ou l'autre, suivant votre intuition.

1re Technique

Prenez un souvenir d'enfance de la liste que vous avez élaborée dans l'exercice p. 74.

Pour cette première fois, choisissez un souvenir plutôt léger au niveau de la charge émotionnelle. Au fur et à mesure que vous prendrez de l'assurance, vous pourrez commencer à traiter les souvenirs plus douloureux.

Visualisez un écran imaginaire et projetez le souvenir sur cet écran, comme si vous regardiez un film. Vous vous placez en spectateur de votre propre histoire.

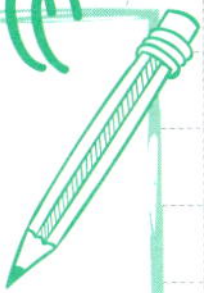

Si vous étiez le producteur du film quel titre lui donneriez-vous ?

Notez le titre :

Quand vous observez cette scène, que ressentez-vous ?

Décrivez la scène et notez toutes les émotions qui émergent quand vous la revoyez :

Évaluez l'intensité :

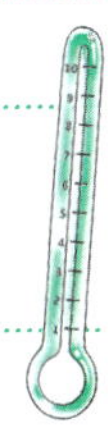

Observez bien tous les aspects du souvenir : mots, gestes, bruits, odeurs…

Décrivez-les :

Vous pouvez commencer par une première ronde d'introduction avec le titre du film et les premières émotions que vous avez notées.

Il est important d'être doux avec soi-même et de toujours se rappeler que ce film que vous visualisez n'est qu'un souvenir qui appartient au passé (même s'il demeure douloureux de par les perturbations énergétiques qu'il a créées3.) Ce vécu est terminé maintenant. Dites-vous que dans le moment présent et à l'endroit où vous vous trouvez, **vous êtes en sécurité.**

Vous pouvez imaginer qu'aujourd'hui vous deveniez votre propre guérisseur ou thérapeute, et vous allez faire l'EFT sur ce personnage du film qui est votre « moi » du passé pour l'aider à libérer tous les blocages qu'il avait gardés.

2e Technique

Commencez dès le début et racontez pas à pas toute l'histoire (ou si cela vous est plus facile, écrivez-la) comme si vous étiez en train de la raconter à une personne de confiance. Soyez attentif, et dès que vous sentez une émotion remonter (tremblement de voix ou de la main, respiration entrecoupée, mains moites) interrompez le récit et tapotez en répétant **les tout derniers mots que vous venez de prononcer.**

3. Rappelez-vous le principe de base : « La cause de toutes les émotions négatives est une perturbation du système énergétique corporel. »

Quand vous sentez que le niveau émotionnel est descendu, recommencez votre récit du début, ce afin de vous assurer que **tout a bien été nettoyé.**

N'hésitez pas à jouer avec les images et les ressentis que nous avons décrits dans les exercices précédents. Durant le récit, arrêtez-vous chaque fois que vous sentez une charge émotionnelle derrière un mot, un geste ou une phrase, et faites des rondes de tapotements afin de la libérer.

Poursuivez l'exercice jusqu'à ce que vous puissiez raconter l'histoire d'un trait **en restant parfaitement calme du début à la fin.** Observez alors la différence.

Regardez-vous ce souvenir de la même façon qu'auparavant?

Regardez votre film. Que ressentez-vous?

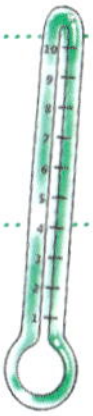

Évaluez l'intensité :

Recommencez si cela est nécessaire.

Le recadrage : l'art de changer ma perception

Lorsque nous observons de près la véritable cause de nos souffrances, nous nous rendons compte que ce ne sont pas les événements ou circonstances qui nous font réellement souffrir mais plutôt **« la perception » que nous en avons.** Le problème réside dans cette tendance à oublier que nous possédons tous la capacité de changer notre perception des choses. Nous regardons la vie à travers des filtres (qui sont les croyances et programmes qui viennent de nos expériences du passé), et c'est ainsi que nous créons notre perception. Il est important de se rappeler que nous avons toujours la possibilité de **« choisir » si oui ou non nous désirons changer ces filtres** et par conséquent notre perception. C'est cela notre liberté.

L'art du recadrage est l'art de changer le point de vue que nous avions sur quelque chose de la même façon que nous recadrons une photo et choisissons sur quoi nous voulons focaliser notre attention. Il nous amène à lâcher les croyances et opinions que nous avons forgées pour pouvoir nous ouvrir à une nouvelle compréhension.

Le lien entre les émotions et les croyances

Les émotions agissent comme une colle qui accroche nos croyances et opinions.

Choisissez un autre événement de votre liste de souvenirs.

Marquez le titre :

....

Laissez venir à vous les pensées que vous avez eues juste après cet événement ou les conclusions que vous en avez tirées. Ce sont des croyances sur vous, sur la vie ou sur les autres.

Notez-les :

....

....

....

....

....

Notez le niveau de véracité que vous attribuez à ces conclusions : ....

Commençons par enlever la charge émotionnelle liée à ce souvenir avec la technique du film ou « raconter l'histoire ». Faites quelques rondes en racontant ce souvenir en histoire, accueillez toutes les émotions et ressentis (suivez les pas de l'exercice de la technique du film page 77). Prenez bien le temps de libérer toute la charge émotionnelle.

Relisez les croyances que vous aviez notées.

Ont-elles la même consistance qu'avant ?

Observez si quelque chose a changé :

....

....

....

....

....

....

....

....

....

....

....

....

....

....

....

....

Notez le nouveau taux de véracité : ....

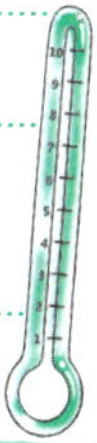

J'ai souvent constaté un changement dans ma perception de quelque chose après avoir libéré la charge émotionnelle attachée à cette perception.

NOS **CROYANCES** SONT LA CAUSE DE NOS **ÉMOTIONS.**

Et vice versa : quand j'accepte de changer mon point de vue, quand j'accepte de changer mes croyances et opinions, les émotions qui en découlent changent aussi de façon instantanée. Néanmoins, pour que cela soit possible, il faut être **« d'accord »** et accepter d'abandonner notre point de vue ou nos croyances, jugements et opinions. Nous avons tendance à nous y accrocher même s'ils ne sont plus utiles et même s'ils nous font souffrir et nous rendent malades.

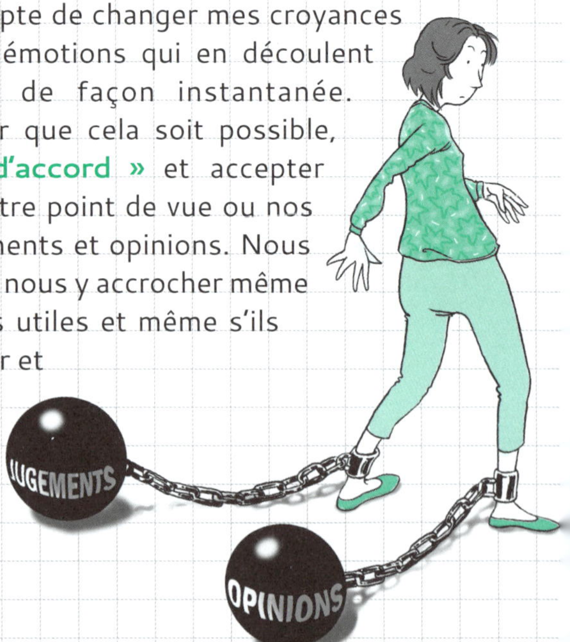

Exercice

Si vous sentez que vous avez tendance à rester accroché à vos jugements et opinions sur un événement ou une personne, faites quelques rondes de tapotements en lisant ces phrases :

Point Karaté : (3 fois)

« Même si (CROYANCE ou JUGEMENT par exemple : mon amie est fâchée) ....

...

..,

je m'aime et je m'accepte profondément. »

Ronde de tapotements :

« Quand je crois (CROYANCE ou JUGEMENT par exemple : mon amie est fâchée) ....

...

...

..,

je me sens ....

(décrivez toutes les émotions, par exemple : triste et abandonné(e)). »

Deuxième ronde de tapotements :

« Et si (proposez-vous une autre croyance ou un autre point de vue, par exemple : peut-être qu'elle a des soucis et qu'elle n'ose pas m'en parler) ..

....

....

....

....

....,

comment je me sentirais ? »

Décrivez les nouveaux ressentis :

....

....

....

....

....

....

....

....

....

Troisième ronde :

Tapotez en alternance la première croyance ou opinion (elle est fâchée) et la deuxième (peut-être qu'elle a des soucis et qu'elle n'ose pas m'en parler) et observez ce qui se passe.

Si votre inconscient continue de vouloir s'accrocher à la première opinion, cherchez un événement dans votre vie passée où vous avez conclu ou ressenti quelque chose de similaire et faites la technique du film, il y a peut-être des émotions plus profondes à guérir.

Voici quelques petites phrases à méditer :

« Préfères-tu avoir raison
ou être heureux? »

Un Cours en miracles

« Je sais que je ne sais rien. »

Socrate

« Je ne crée pas mes pensées;
ce sont elles qui me créent -
jusqu'à ce que je les mette en doute. »

Katie Byron

« La croyance n'est qu'un mot, une pensée,
c'est une chose absolument destructrice.
Celle-ci divise les gens, les endurcit,
les pousse à se haïr réciproquement,
à cultiver la guerre d'une façon détournée. »

Jiddu Krishnamurti

AUJOURD'HUI
PENSER À DOUTER

Monter de niveau

Imaginez que vous grimpiez jusqu'à la cime d'une montagne pour pouvoir contempler la vue dégagée. Vous accédez à cette vision panoramique et globale que vous ne pouviez pas voir quand vous étiez au fond de la vallée.

Einstein disait qu'on ne peut pas dissoudre un problème ou une difficulté si l'on se situe au même niveau où il a été généré. De la même façon, **quand nous voulons accéder à une nouvelle compréhension de quelque chose, nous avons tout intérêt à monter de niveau.**

Monter de niveau, pour moi, signifie se connecter à notre partie spirituelle. Le nom n'est pas important, certains disent l'âme, d'autres le moi supérieur ou le guide intérieur. Cette partie est directement en contact avec l'Esprit Créateur, la Source... l'Amour universel qui est aussi en nous et qui nous relie tous. Grâce à cette connexion, nous allons nous ouvrir à de nouvelles perceptions qui vont remplacer celles du fond de la vallée où nous étions noyés dans les méandres de nos émotions et de nos pensées. Nous allons nous rappeler que nous ne sommes pas nos émotions ni nos croyances, que **nous sommes des êtres d'amour et de lumière et que nos possibilités sont infinies.**

Pour cette raison, j'aime bien intégrer dans mes séances d'EFT cette dimension spirituelle de façon simple et en dehors de toute doctrine ou religion.

Voici de façon concrète comment je fais cette connexion ou prière :

Avant de commencer la séance :

Je m'adresse à mon âme (mon moi supérieur ou mon guide intérieur) et à travers elle je m'adresse à la Vie (la Source, le Créateur... ou le nom qui vous convient) et avec mes propres mots je remercie de cette opportunité de libération et de guérison et je lui confie la guidance durant toute la séance.

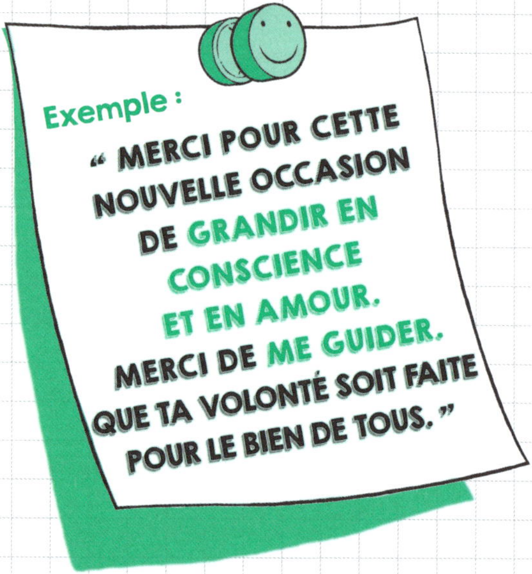

La Vie (la Source, le Créateur) sait mieux que moi ce qui est bon pour moi et pour tous les êtres de l'Univers. C'est ainsi que je mets mon EGO de côté et que je lâche toutes les attentes (tous les « Je veux » ou « Je ne veux pas ») et toutes mes certitudes (les « Je sais » et « J'ai raison ») ; je lâche du mieux que je peux pour accueillir sa guidance.

Quand la séance est terminée :

Je remercie à nouveau la Vie, ma partie spirituelle et toutes les parties de moi qui ont été impliquées pour sa collaboration et son aide.

Je confie la suite de la séance et la transformation de tout ce qui pourrait rester à mon âme et à l'Amour universel.

JE LÂCHE PRISE ET JE FAIS CONFIANCE À LA VIE.

Merci cher lecteur, permettez-moi de vous rappeler que tout ce que vous libérez à l'intérieur, que chaque porte que vous ouvrez dans votre conscience vers la guérison et l'amour bénéficie à l'Univers tout entier.

Merci. Que la paix soit dans votre cœur.

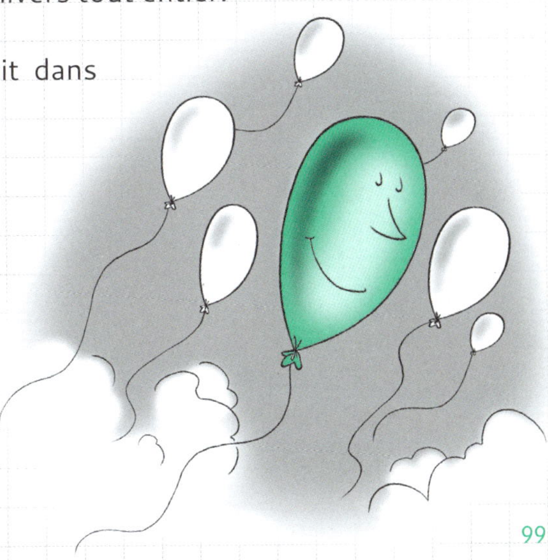

Annexe

LA SÉQUENCE OU RECETTE COMPLÈTE

(Récapitulatif tiré du livre L'EFT, page 37 aux Éditions Jouvence)

La séquence simplifiée est suffisante la plupart des fois et elle vous permettra de gagner du temps. Maintenant, si vous sentez que vous bloquez je vous invite à faire de temps en temps la recette complète.

récapitulatif de la recette complète

Commencer par évaluer l'intensité de l'émotion ressentie (ou de la douleur, ou du problème) sur une échelle allant de 0 à 10.

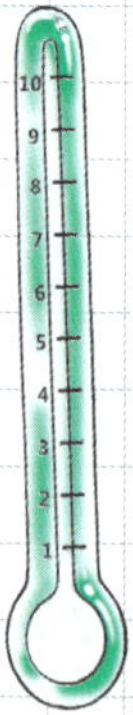

La préparation. Tapoter sur le « Point Karaté » ou sur la « zone sensible », en répétant trois fois cette phrase : « Même si j'ai (l'énoncé du problème), je m'accepte et je m'aime complètement et profondément. »

La séquence simplifiée. Tapoter les points suivants : sommet de la tête, début de sourcil, coin de l'œil, sous l'œil, sous le nez, menton, sous la clavicule, sous le sein et sous le bras... en répétant chaque fois « l'énoncé du problème ». Les points sur la main. Tapoter sur les points des coins des ongles du pouce, de l'index, du majeur, de l'auriculaire, en répétant chaque fois « l'énoncé du problème ».

La gamme de 9 actions. En tapotant sur un des deux « points gamme » (droit ou gauche), effectuer les 9 actions suivantes : fermer les yeux, ouvrir les yeux, regarder en bas à droite, regarder en bas à gauche, faire un cercle avec les yeux dans un sens puis dans l'autre, fredonner, compter jusqu'à 5, fredonner à nouveau, en répétant à chaque action « l'énoncé du problème ». Recommencer la séquence simplifiée. Tapoter sur les points suivants : sommet de la tête, début de sourcil, coin de l'œil, sous l'œil, sous le nez, menton, sous la clavicule, sous le sein et sous le bras en répétant chaque fois « l'énoncé du problème ».
Répétez la séquence simplifiée à nouveau.

Vous trouverez plus d'informations
concernant la méthode ainsi que des vidéos pratiques
sur les sites de l'auteure :
www.eli-pono.com
www.eveiletsante.fr
et dans le livre :
L'EFT
Éditions Jouvence
écrit par Maria-Elisa Hurtado-Graciet
et le Dr Luc Bodin.

Achevé d'imprimer en septembre 2018

Imprimé en Bulgarie

Dépôt légal : octobre 2018